現地取材！日本の国土と人々のくらし 3

JN088521

雪国のくらし

新潟県十日町市・秋田県横手市

もくじ

雪国に
行ってみよう!

HOW TO USE
この本の使いかた

本文中に【➡P.22】【➡8巻】とある場合、関連する内容が別のページやほかの巻にあることを示しています。

グラフや表では、内訳をすべてたし合わせた値が合計の値にならないことがあります。また、パーセンテージの合計が100%にならない場合があります。これは数値を四捨五入したことによる誤差です。

データのランキングや生産量などは、数値が非公開となっている項目は考えずに作成している場合があります。

この本にでてくるマーク

コラム

読むとちょっとものしりになれるコラムを紹介しています。

とりあげたテーマについて、くわしい人に話を聞いています。

三元豚*
にくらべ

このマークがついている用語には役立つ情報を補足しています。

はじめに

　左のページにある写真、みなさんの住んでいる地域があまり雪の降らない地域なら、見なれないものばかりだと思います。しかし冬に雪のたくさん降る地域には、ありふれたものです。これらはいったいなぜこのような形になっているのでしょうか。

　日本の約半分の地域は、冬にたくさん雪が降る地域です。冬に雪が降る地域は、日本のなでも比較的寒い地域です。日本のどのあたりで雪がたくさん降るのでしょうか。また雪がたくさん降ると、冬のようすや人々の生活はどのようになるのでしょうか。

　雪は雨とちがって、気温が低いと降ったのちにとけないまま残ります。雪がたくさん降る地域では、その雪がとけないまま次の雪が降りつもり、雪の高さが人の身長より高くなることもあります。家の1階が雪に埋もれるので、2階に入り口がつくられている家もあります。雪がたくさんつもると、生活するうえで困ることが出てきます。そのため雪をどかしたり、とかしたりします。生活していくうえで困ることを減らすくふうがいろいろとされています。左にある写真に写っているさまざまなものは、そのようなくふうの例です。どんなくふうがされているのか、この本でくわしく見ていきましょう。

　いっぽうで、雪があることをうまくいかしている例もあります。寒い気候を利用したり雪を天然の冷蔵庫がわりにして、野菜やお酒を保存することができます。雪を使うことで、ほかの地域ではつくることがむずかしい布をつくることができます。雪は、恵みももたらしてくれるのです。

　雪国での生活は、雪があまり降らない地域とくらべてどのような特徴があるのか、雪国ならではのくふうやようすについて、この本でいっしょに学んでいきましょう。

お茶の水女子大学　長谷川直子

① 雪国の気候と地形

雪国という言葉はよく聞きます。それはどこにあるのでしょうか。そして雪国とはどういう特徴をもったところなのでしょうか。調べてみましょう。

雪国はどんなところ？

日本の半分は雪国

冬になると日本各地で雪が降ります。雪が降る地域のなかで、特に多くの雪が降る地域があります。国が指定した豪雪地帯とよばれるところで、一般に雪国とよばれる場所です。

豪雪地帯のなかでも、雪による被害がさらにきびしい地域を国は特別豪雪地帯に指定しています。

「全国の1719市町村*のうち豪雪地帯と特別豪雪地帯がしめる割合」のグラフを見ると、日本の半分近くは雪国です。

雪国はおもに、北海道から東北地方の日本海側、北陸地方に分布しています。そして雪は、海岸部の平地よりも山間部でたくさん降ります。これは、冬にユーラシア大陸から日本に向かってふいてくる季節風が、暖流の対馬海流上空を通過すると雪雲をつくり、雪雲が山にぶつかるときに雪を降らすからです。

右のグラフは、豪雪地帯と特別豪雪地帯に指定されているおもな都市の、1年間の平均降雪量を比較したものです。新潟県十日町市では平均して1年間で合計967cmもの雪が降り、秋田県横手市では797cm降っています。

日本では、人口200万人近くの北海道札幌市も豪雪地帯に指定されています。これだけ多くの雪が降るところに、おおぜいの人がくらしている国は、世界でもめずらしいといえます。

＊全国の市町村数のうち、東京23区は1市としてあつかっています。

対馬海流

日本海流（黒潮）

豪雪地帯 532（31%）

それ以外の地域 986（57%）

特別豪雪地帯 201（12%）

全国の1719市町村のうち豪雪地帯と特別豪雪地帯が占める割合
（2022年4月1日現在）

国が指定した豪雪地帯は、きびしい積雪が産業や人々のくらしの向上をさまたげている地域をいう。特別豪雪地帯は、さらに積雪がきびしく長期間自動車の交通がとまるなど、人々のくらしに問題をおこす地域をいう。

◎国土交通省発表の「豪雪地帯・特別豪雪地帯の指定」（2022年4月1日公表）から作成。

リマン海流

石狩市

札幌市

岩見沢市

千島海流（親潮）

五所川原市

弘前市

青森市

横手市

長岡市

十日町市

米沢市

東京（千代田区）

□ 豪雪地帯
■ 特別豪雪地帯

0　100　200km

豪雪地帯と特別豪雪地帯のおもな都市における1年間の累積降雪量

◎気象庁発表の降雪の深さの平年値（1991年～2020年の平均値）から日本気象株式会社がデータを集計。非観測地点、欠測地点、観測地点が市内中心部からはなれている地点は除外した。都市は人口5万人以上とした。

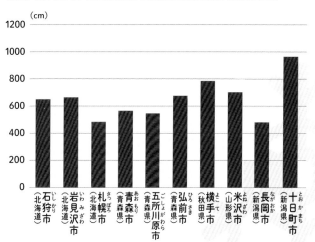

（cm）

石狩市（北海道）、岩見沢市（北海道）、札幌市（北海道）、青森市（青森県）、五所川原市（青森県）、弘前市（青森県）、横手市（秋田県）、米沢市（山形県）、長岡市（新潟県）、十日町市（新潟県）

➡ 寒流
➡ 暖流

豪雪地帯と特別豪雪地帯のなかでもとくに雪深いのは、十日町市や横手市など、内陸にある都市であることがわかる。

日本海側にたくさん雪が降るのはなぜ？

日本海側で雪が降るしくみ

冬になると、ユーラシア大陸から日本に向かって、かわいた冷たい北西の風がふいてきます。このように、季節によって決まった方向にふく風を、季節風といいます。日本海側に豪雪地帯が多いのは、暖流の対馬海流と季節風に理由があります。

季節風が、日本海を南から北へ流れる対馬海流の上をとおるとき、空気よりあたたかい海面から、大量の熱や水蒸気をとりこみます。

海面から上がった水蒸気は上空で積雲をつくり、積乱雲へと発達しながら陸地を移動して、日本の中央山脈にぶつかります。その雲が風に押されて山に沿ってのぼっていきます。雲は、約0.02mmと、とても小さい水のつぶが集まってできています。それが上空にある0℃からマイナス40℃くらいの冷たい空気にふれることで、氷のつぶに変わります。氷のつぶは水蒸気といっしょになってさらに成長して大きくなり、重くなって浮かんでいられなくなると落ちてきます。それが雨や雪の正体です。

雪を降らせた雲は、山脈によってゆく手をはばまれ、太平洋側にこえることができません。そのため、山の反対にある太平洋側には、かわいた風だけがふきおろします。

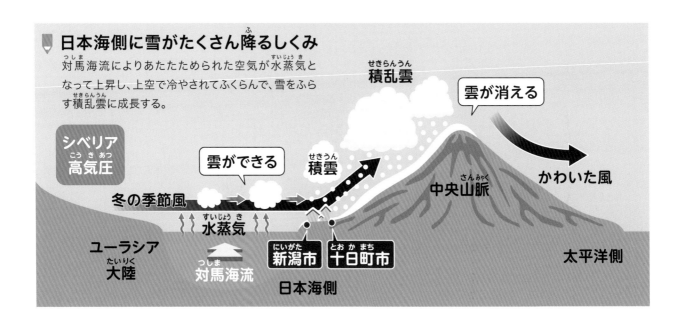

日本海側に雪がたくさん降るしくみ
対馬海流によりあたたためられた空気が水蒸気となって上昇し、上空で冷やされてふくらんで、雪をふらす積乱雲に成長する。

シベリア高気圧　冬の季節風　雲ができる　積雲　積乱雲　雲が消える　かわいた風　中央山脈　水蒸気　ユーラシア大陸　対馬海流　新潟市　十日町市　日本海側　太平洋側

1月と2月に多い降雪量

大陸から北西の季節風がふくとき、上空の気温と海面水温の差が大きいと、より水蒸気が発生し、多くの雲ができます。そして地上の気温が低いときに、雨ではなく雪になります。1月と2月に雪が多いのは、その条件にあてはまるからです。

▼ 気象レーダーが観測した雪雲（2022年2月5日）

日本海側には厚い雪雲（青い部分）がかかるいっぽうで、太平洋側の関東地方にはほとんど雲がかかっていないことがわかる。濃い青の場所には、とくに厚い雪雲がかかっている。

輪島上空約1500mの気温・新潟県沖の月平均海面水温・新潟（新潟市）の月平均気温と月別降雪量

	輪島上空約1500mの気温	2020年の新潟県沖の月平均海面水温	上空の気温と海面水温の差	新潟（新潟市）の月別降雪量	新潟（新潟市）の月平均気温
1月	-7.2℃	15℃	22.2℃	63cm	2.5℃
2月	-6.8℃	8℃	14.8℃	48cm	3.1℃
3月	-3.3℃	11℃	14.3℃	8cm	6.2℃
4月	3.1℃	11℃	7.9℃	—	11.3℃
5月	9.0℃	15℃	6℃	—	11.3℃
6月	12.8℃	21℃	8.2℃	—	20.9℃
7月	16.6℃	23℃	6.4℃	—	24.9℃
8月	17.5℃	27℃	9.5℃	—	26.5℃
9月	13.4℃	26℃	12.6℃	—	22.5℃
10月	7.3℃	22℃	14.7℃	—	16.7℃
11月	1.5℃	18℃	16.5℃	0cm	10.5℃
12月	-4.1℃	16℃	20.1℃	19cm	5.3℃

◎気象庁発表の平年値（1991年〜2020年の平均値）から作成。海面水温は、気象庁発表の2020年月平均海面水温から作成。

降雪量には、上空の気温と海面水温の差だけでなく、地上の気温の低さや寒気のふきかたも関係している。温度の差が大きくなっても地上の気温が高いときは、雪にならないか、降っても少ない。

冬の日本海に出るすじ雲
（2022年2月5日）

写真は、冬の日本周辺の雲を気象衛星から撮影したもの。日本海の上に大陸から風がふいているように見える、すじ状の雲がある。これが豪雪地帯に雪を降らせる積乱雲の列だ。

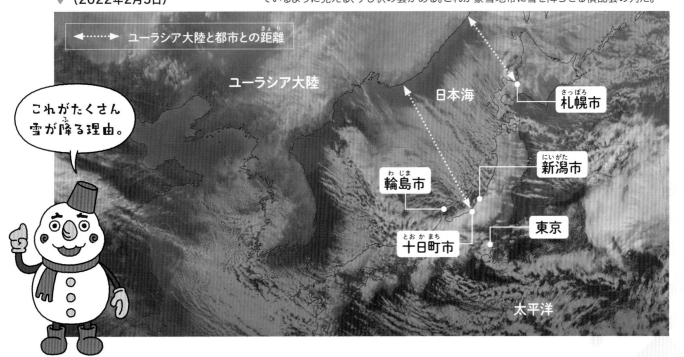

これがたくさん雪が降る理由。

←……→ ユーラシア大陸と都市との距離

ユーラシア大陸

日本海

札幌市

輪島市

新潟市

東京

十日町市

太平洋

十日町市と
ほかの都市をくらべてみよう

▲ 十日町市の雪景色。冬の晴れた日、白い大地が光を放つような美しさを見せる。

降水量が多い冬の十日町市

　十日町市と東京（千代田区）の気候の特徴をグラフから読みとってみましょう。十日町市の中心部はふたつの丘陵にはさまれた盆地にあります。東京より北にあり、気象観測所の標高でくらべると東京は約25m、十日町市は約170mと高いため、1年をとおして東京よりも気温が低いです。十日町市でもっとも寒い1月の平均気温はマイナス0.1℃、東京は5.7℃と、5.8℃の差がありますが、もっとも暑い8月は、十日町市が24.9℃、東京が26.9℃で、その差は2℃と小さくなります。降水量は、夏は差はありませんが、冬は大きくちがいます。十日町市の12月の降水量は397.8㎜、東京（千代田区）は57.9㎜と約7倍もの差があります。

🔻 新潟県南部にある十日町市

✏️ 十日町（十日町市）と東京（千代田区）の月平均気温と月別降水量

◎気象庁発表の平年値（1991年〜2020年の平均値）から作成。

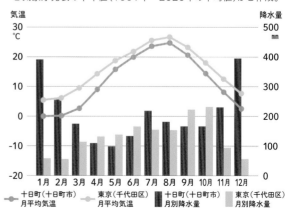

札幌市よりも多く雪が降る

同じ新潟県でも、山側にある十日町市の冬の平均降水量は、海側にある新潟市の2倍近くになります。それは、海岸から平地、山沿いにかけて、海からはなれるほうが雪の降る量が多くなるからです*。なぜなら水蒸気をたくさんふくんだ空気が強い季節風にのって山まで運ばれ、山にぶつかると上へ上がり、大きな雪雲へと成長してその場所で雪を降らせつづけるからです。雪がつもる量も、海岸や平地よりも山沿いのほうが多くなります。これには標高のちがいも関係しています。標高が高い山沿いは気温が低く雪がとけにくいため、つもる量も多くなるのです。

最後に、十日町市よりもさらに北にある、北海道札幌市とくらべてみましょう。12月〜2月にかけて十日町市では札幌市の3倍近くの雪や雨が降りますが、平均気温は札幌市のほうが低く、月平均気温が0℃以下になる月が3か月もつづきます。けれども札幌市で十日町市ほど雪が降らないのは、地形にちがいがあるからです。とくにユーラシア大陸とふたつの都市のあいだに横たわる日本海のはばの差【➡P.9下】によって、雪の降る量に差ができるのです。新潟市では札幌市にくらべて、大陸からふく冷たい季節風が、対馬海流のおかげで比較的あたたかい日本海上空を、長距離移動してきます。その結果、季節風がより多くの水蒸気をとりこみ、雲がさらに発達してより多くの雪を降らせるのです。

*季節風が弱いときなど、さまざまな気象条件がくみあわさり、山沿いよりも海岸や平地で雪が多く降ることもあります。

✏ 標高と1年間の累積降雪量

	新潟市	十日町市
標高	4.1m	170m
降雪量	139cm	967cm

◎気象庁発表の降雪の深さの平年値（1991年〜2020年の平均値）から作成。標高は観測地のもの。

✏ 十日町（十日町市）と新潟（新潟市）の月平均気温と月別降水量

◎気象庁発表の平年値（1991年〜2020年の平均値）から作成。

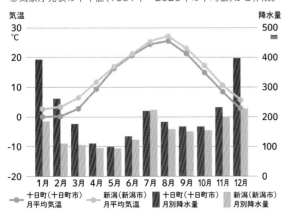

✏ 十日町（十日町市）と札幌（札幌市）の月平均気温と月別降水量

◎気象庁発表の平年値（1991年〜2020年の平均値）から作成。

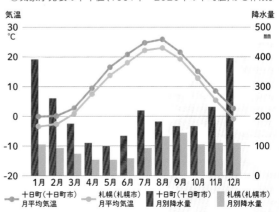

② 雪国の風景

雪国でしか見ることができない、ふしぎな風景や植物を紹介。これらはなぜ、どうしてその姿になったのでしょうか。

雪が生んだふしぎ、樹氷

氷の怪物、樹氷

　樹氷を専門用語では、アイスモンスターとよびます。アイスモンスターの一生は、雲のなかの過冷却水滴（0℃でもこおっていない水のつぶ）が、季節風で山まで運ばれ、氷となって樹木につくところからはじまります。そこに雪がつもり、また氷のつぶがつく、ということをくり返しながら、ライム*とよばれるエビのしっぽのような形に成長します。そこに雪がつもり、氷のつぶがつく、ということをくり返しながら成長して怪物のような姿になったものがアイスモンスターです。ライムは雪がつもる山ならどこでも見られますが、アイスモンスターが見られる場所は世界でもめずらしく、日本では山形県と宮城県の境にある蔵王連峰や、青森県の八甲田山、秋田県の森吉山などで見られます。

八甲田山
森吉山
蔵王連峰
青森県
秋田県
岩手県
山形県
宮城県

*日本では、アイスモンスターとライムをくべつせずに、どちらも樹氷とよびます。

コラム

ユキツバキは雪国仕様

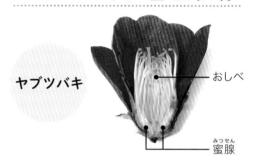

ヤブツバキ　　おしべ　　蜜腺

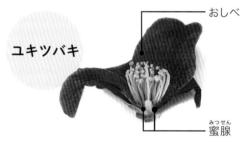

ユキツバキ　　おしべ　　蜜腺

　ユキツバキは日本海側の豪雪地帯にのみ分布する日本固有種です。冬は深い雪に埋もれますが、枝や葉はしなやかで重い雪にも折れない雪国仕様です。受粉も同じで、雪が消えるおそい春に花を咲かせますが、そのころには虫も活動をはじめています。そこで花は平たく開いておしべを広げ、虫が奥までもぐれる形をとって花粉を運ばせています。いっぽう、本州以南の暖地に生育するヤブツバキは、虫の少なくなる冬から早春に咲き、小鳥が花を訪れます。花は下か横を向いて鳥を招き、おしべはくっつきあって筒になり、蜜をその奥にかくしています。鳥の行動や体格に花の形を合わせて、花粉を運ばせているのです。

12

▲ ライム（樹氷）風上に向かって成長し、風が強いほど大きくなる。これに雪がついてさらに成長するとアイスモンスター（樹氷）になる。

蔵王連峰のアイスモンスター（樹氷）

日本で樹氷になる木は、アオモリトドマツという標高1300m〜1700m以上の針葉樹に限られている。地球温暖化の影響で、以前より見られる期間が短くなっているといわれている。

▼アイスモンスター 人の背の高さの数倍ある。

ぼくと似ていてかっこいいね。

③雪国のくらし

雪とたたかい、雪の恵みを生かしてくらしてきた雪国の人々。彼らのくらしを「家づくり」「学校生活」「町づくり」「交通」「食文化」をテーマに調べてみましょう。

雪国の家のくふうとは?

雪おろしの重労働を減らす

　雪国では、屋根につもった雪をそのままにしておくと、雪の重さで扉や窓が開かなくなり、最後には家がつぶれてしまうことがあります。そのため、雪国では屋根の上に人がのぼり、雪おろしをしています。

　雪国ではつもった雪のせいで2階から出入りすることもあったので、以前は3階だての家が多くありました。雪おろしは屋根からすべって落ちるとけがをしたり、たまった雪に落ちて深く埋まったりすることもある危ない作業です。そのため、人が雪おろしをしなくてもいいように、屋根にくふうをした家が登場しました。その方法は3種類あります。

　①「落雪式住宅」は、屋根の雪を自然に落とす方法です。屋根のかたむきを急にして、屋根から自然に雪がすべり落ちるようにした家です。落雪式の場合、隣の敷地に雪が落ちないように、雪を落とすことができる広さの敷地が必要になります。

　②「融雪式住宅」は、屋根の雪をとか

してしまう方法です。とかしかたはふたつあります。ひとつは、屋根のすぐ下にあたたかい水をとおしてとかす方法、もうひとつは屋根の内側に電熱線を敷いて、その熱でとかす方法です。この方法には電気代が冬のあいだは毎日かかってしまうことや、機械の修理や点検が必要というマイナス面もあります。

　③屋根の雪を水でとかして落とす「散水式住宅」もあります。屋根のいちばん高いところに水をまく「消雪配管」をとりつけ、屋根全体に水を流して雪をとかします。流す水は水道料金がかからないよう、井戸水をポンプで吸いあげて利用します。

玄関は2階

家族が多かった時代は、部屋の数を増やすために、3階だての家が多くあった。1階は雪に埋もれるため居室にせず、倉庫や車庫などに使っていた。

屋根にくふうをした、雪おろしがいらない家

雪おろしは、家を守るためには絶対に必要だが、人が屋根にのぼって作業をするため、危険である。そこで生まれたのが、自然に雪を落としたり、とかしたりできる「落雪式住宅」「融雪式住宅」「散水式住宅」だった。

▲ 落雪式の家
屋根の両側が急な角度になっているので、雪はすべり落ちてしまう。

▼ 散水式の家
屋根のいちばん上にパイプをつけて、そこから水を屋根に流して雪をとかす。

いろいろなくふうがあるね!

▲ 融雪式の家(上)とその屋根(下)
屋根の下に電熱線や温水がめぐる装置をつけて、熱で屋根の雪をとかす。

雪かき・雪おろしの道具

▲ 除雪機 家庭用の除雪機で、つもった雪を吸いこみ、えんとつのようなはきだし口から遠くへ飛ばすしくみ。

▲ スノーダンプ むかしから雪おろしや雪かきで活躍してきた。持ち手の先に板がついていて、雪をのせて運ぶ。

進化した雪国の家とは？

雪の重さにたえる住宅

雪国の家は、むかしから約12cmの幅がある「4寸角」の太い柱を使ったり、柱の数を多くしたり、壁も厚くするなど、がんじょうにして雪の重みにたえるくふうをしてきました。

それをさらに進化させたのが現在注目されている「耐雪式住宅」です。たとえば、屋根に3mの雪がつもってもつぶれないように家をたてるには、構造計算という特別な計算を使って、材料の強度や建築方法を導きだして、積雪量にたえられる構造をもつように建築をします。また、屋根を平らな屋上にして、雪おろしのときすべって落ちる危険も大きく減らしました。

がんじょうな耐雪式住宅

屋根のさく
雪がひさしのように屋根からせり出すのを防ぐために、屋根にさくをつけている。

消雪パイプ
家のまわりに消雪パイプをめぐらせて、井戸水を流して雪をとかし、家が雪でかこまれないようにしている。

▼**さくが不要な裏側** この住宅では家の裏側に人が立ち入ることはないため、雪が落ちても危険がない裏側には、さくをつくっていない。

はしご
家の外にはしごをつけて、雪おろしのために屋根にのぼるときに使う。

アイデアいっぱいのたのもしいおうち！

インタビュー

「耐雪式住宅」が注目されています

皐工務店株式会社
代表取締役
澤口 茂 さん

十日町市でよく見られるのは、融雪式や落雪式、耐雪式などの住宅です。

融雪式の屋根では、電気代や灯油代、パイプや電熱線の修理など、使いつづけるための費用が必要になります。

落雪式住宅は、突然雪が落ちてくるので、下にいた人が雪に埋もれる危険があります。また、雪の落ちる音や振動が大きく、住んでいる人は眠れないという問題もあります。

耐雪式住宅は、冬に雪おろしをしないか、しても1回くらいというがんじょうさがあります。雪をおろさないので、1階の窓が雪でふさがって暗くなりません。1階でも生活ができるから3階だてにしなくてよく、費用も安くなります。そこで最近、注目されています。

（2022年11月取材）

▲**かまぼこ形の車庫** 家のそばにある大きなかまぼこのようなたてものは、自動車の車庫。雪が降ってもつるんとすべって落ちるので、屋根に雪がつもらない。

雪国の学校生活とは？

雪のなかを登校する子どもたち
十日町市の子どもたちは、雪や寒さになれているせいか、もこもこと着ぶくれている人はあまりいない。くつは底がすべりにくくなっている長ぐつやスノーシューズをはく。

雪の季節の登下校

　十日町市の小学校では、市内の多くの地区で、集団登校をしています。家が近い人たちが、上級生から下級生まで5人～6人ほどのグループをつくって登校します。下校は、学年によって授業が終わる時間がちがうため、別々に帰ります。

　大雪の日でも休校になることは、ありません。家から学校まで4km以上ある子はスクールバスで通っていますが、道路の除雪ができないほど雪が降ったときは、休校になります。大雪のために休校になったのは、10年で数回くらいです。

　日本海側の広い地域で大雪・暴風になった2021（令和3）年1月には、道路の通行止め、鉄道の運休、航空機や船の欠航がありました。福井県や新潟県ではたくさんの自動車が道路で動けなくなり、十日町市の松之山地区でも大雪になりました。それでも休校にはなりませんでした。除雪の体制がしっかりととのっていたからです。

　学校では、毎年雪の季節がはじまるころに、注意することを教えています。たとえば、屋根などから雪が張りだしている下をとおらない。川や溝など、小さくても水が流れているところには近づかない。除雪車や家庭用の除雪機には近づかないなど、いろいろあります。

　気をつけなければいけないことがたくさんある冬ですが、雪のおかげで楽しいこともあります。小学校では、1年生からスキー授業がはじまります。

▲ **スキー授業** 授業では、主にクロスカントリースキーという野山をかけまわるスキーを学ぶ。

▶ **雪の校章** 十日町市の小学校から高校まで、校章に雪や雪の結晶をデザインしたところが多い。野中小学校は2007（平成19）年に閉校した。

▼ **スキー用具室（上・下）** スキー板やストックなどの道具は、スキー用具室に準備されたものを使う学校も多い。

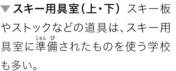

━━ コラム ━━

雪国で見かける
ふしぎなもの

　雪国の町のなかには、ほかの場所では見かけないものがいろいろあります。子どもたちなら入って遊ぶことができそうな小さな家は、近づいてみると、屋根がついたゴミステーションでした。ゴミ袋が雪に埋もれないためのくふうです。ほかにも、この箱には何が入っているのだろう、と思わせるふしぎなものがあります。

◀ **ゴミステーション** 左は、十日町市内でよく見かけるゴミステーション。ゴミ箱などの出し入れは、前のとびらからおこなう。

▶ **これは何？** 左の箱のようなものは、火事のときに消防車が使う消火栓。右は、屋根に雪がつもりすぎないように、三角屋根にした電話ボックス。

安全にくらすためのくふう

道路を雪から守る方法

十日町市を歩いていると、まわりにたくさんの雪がつもっていても、自動車道路や歩道には雪がないか少しあるくらいだと気づきます。これは、十日町市役所や住んでいる人たちが協力しながら、除雪をしているからです。

自動車道路の除雪は、通勤がはじまる朝7時までに終わらせるために、夜中の2時ころから動きだします。機械の働きかたがちがう種類の除雪車をくみあわせながら、速く、確実に道路の除雪をおこなっています。

みんなで協力して道路の除雪をしているんだ。

▲ **除雪車** 車の前についた板で、道路の雪を押しながらわきによせる除雪ドーザ。

◀ **縦型信号機** 雪国の道路の信号機は、縦型になっている。信号機に雪がつもる面積を少なくしたくふうだ。ひさしも雪よけのために長い。

▶ **融雪パイプ** 町の中心の道などには、地下水を流して雪をとかす融雪パイプをそなえたところもある。

20

▼急な斜面には、なだれがおきてもとちゅうで止められるように、なだれ予防のさくがつけられている。

▲自動車道路には、点々と赤と黄色の長い棒（ポール）がつづいている。これは、道路はここまでと車に教えて、安全に通行するためのものだ。道路からそれて車が横転したり、溝にはまったりしないためのくふうだ。

▲流雪溝　ふだんは、人が落ちないようにふたをしてある流雪溝。スノーダンプ【➡P.15】で雪を運んで、流雪溝に落とす。

町のくらしを雪から守る方法

　住宅の屋根からおろした雪や、まわりにつもった雪をそのままにしておくと、生活ができなくなってしまいます。そこで、雪を捨てて流すための流雪溝がつくられました。

　十日町市では、道路と歩道の境に同じ形の石が規則正しく並んでいるのをよく見ます。ところどころ、石は格子に組んだ金属に変わり、下が見えるようになっています。この石や金属のふたの下が、流雪溝です。住民は金属のふたを開けて集めた雪を流雪溝に落として捨てます。ふだんは水が流れていませんが、決まった日や雪が降った朝などに流雪溝へ水を流して、雪を信濃川へと流すのです。十日町市の流雪溝は、2023年2月現在で総延長54㎞にもなり、毎年数百mずつのびています。

インタビュー

道路の雪を水でとかす十日町市　熱でとかす札幌市

札幌市建設局
雪対策室
川合 潤 さん

　本州から冬の札幌市に来た人に、融雪パイプ【➡P.20】がない、といわれたことがあります。そのとおりで、札幌市には本州の雪国にある、道路に水を流して雪をとかす融雪パイプがありません。

　それは、もっとも寒い12月〜2月のあいだには、札幌市では最高気温でも0℃以下になるからです。道路の雪を水でとかしてもこおってしまうので、すべって危なくなります。

　そこで札幌市では、電気やガスで道路をあたためて雪をとかす「ロードヒーティング」を採用しています。しかし、坂道など限られたところでしか使われていません。多くの道路では、これまでのように除雪車などで除雪をおこなっています。

（2022年11月取材）

線路を雪から守る方法

　日本有数の豪雪地帯を走る鉄道は、雪対策の知識と技術をもつことを使命とされてきました。そこでさまざまな雪対策が、豪雪地帯を走る鉄道から生まれています。

　列車の走行に害をあたえるのは、まず線路につもる雪です。そこで、線路から雪をとりのぞくための車両が登場しました。

　雪を線路のわきによせるラッセル車や、雪をかき集めて遠くに飛ばすロータリー車です。現在は、ラッセルとロータリーの機能をもつ小型の除雪機械にかわってき

ています。モーターカーとよばれるこれらの機械を用いると、従来の方法よりもすばやく除雪作業にとりかかることができ、より少ない人数で除雪作業をおこなうことができるからです。

　風で雪が集まりやすいところには、線路に雪がつもらないようにするしくみもあります。線路をトンネルのようにおおうスノーシェルターやスノーシェッドです。さらに補助として、水をまいたり、流したり、パネルヒーターでとかしたりする強制消雪もおこなわれています。スプリンクラーで大量の温水をまく散水消雪は、上越新幹線でも開業したときから採用されています。

▼ENR1000　今、いちばん新しいタイプの除雪機械が、ENR1000とよばれるものだ。車体の前後に、雪をかきわけるラッセルと、かき集めた雪を遠くに飛ばすロータリーの役割をする機械がつけられている。そのため、前に進むときもうしろに進むときも、除雪することができる。

人による除雪

線路の両側に大量にたまった雪や雪の下に埋もれた機械など、除雪機械ではとりのぞけない場所の雪は、人の手で除雪していく。

▲ **温水ジェット噴射装置** ポイントにつまった雪は、温水をジェット噴射してとかしながら飛ばしてとりのぞいていく。

▲ **消雪パネル** 除雪機械によって線路の雪をわきによせると、線路の両側には雪の壁ができてくる。そこで、線路の両側に消雪パネルをつけて、パネルの熱で雪をとかす。

いろんな雪対策で線路を守っているんだ。

ポイントを雪から守る方法

　雪の害に対しては、まだいくつもの対策がおこなわれています。

　線路につもる雪とともに、列車の運行をさまたげるのは、ポイント（分岐器）とよばれる機械に雪がはさまって動かなくなることです。ポイントが故障すると、列車は走ることができません。そこで、ポイントに水をまく、ヒーターをつけるなどといった方法で、ポイントを雪から守っているのです。

▲ **日本有数の豪雪路線**

新潟県南部と長野県北部は、日本有数の豪雪路線。新幹線やＪＲ線、北越急行ほくほく線が走っている。新しい雪対策は、この地域から生まれることが多い。

23

秋田県横手市に発酵食品が生まれた理由

長い冬をのりきる知恵

秋田県の南にある横手市は、奥羽山脈と出羽山地にかこまれ、東西15km、南北60kmの縦長の横手盆地の中央部にあります。横手盆地は面積が約693km²あり、松本盆地（約480km²）などと並ぶ、日本で有数の広さをもつ盆地です。

✏ 秋田県の南部にある横手市

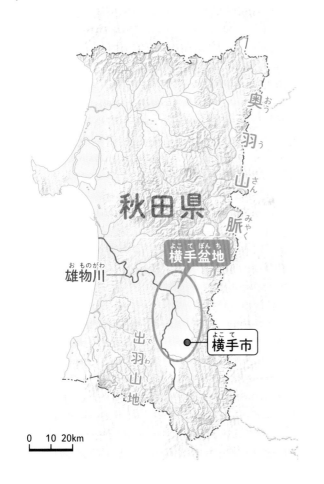

横手市も十日町市と同じように特別豪雪地帯【➡P.7】で、冬には大雪が降ります。

横手市では雪にとざされてしまう長い冬をのりきるために、むかしから保存食をくふうしてきました。保存の技術には、「発酵させて長く食べる」「乾燥させて長もちさせる」「塩分を濃くする」「砂糖をたくさん使う」という方法があります。

米や野菜がたくさんとれる横手市では、米こうじ【➡P.26】を使った発酵食品をたくさんつくってきました。大晦日や冬に食べるハタハタずしや、ダイコンのなたづけなどが知られています。みそも米こうじをたっぷりと使った、うまみのあるみそになります。

✏ 横手（横手市）と十日町（十日町市）の月平均気温と月別降水量

◎気象庁発表の平年値（1991年～2020年の平均値）から作成。

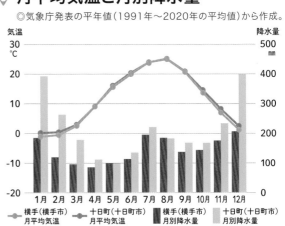

▼ ハタハタずし
沿岸でとれる秋田県の県魚、ハタハタを
米こうじにつけこんで発酵させた料理。

▲ なたづけづくり なたでダイコンを乱切りにして、米こうじや砂糖、塩などといっしょ
につけこみ、発酵させる。

▶ 秋田県のつけもの大集合
①なたづけ。②いぶりがっこ。③
なすの花ずし。なすの花ずしは、なす
に食用菊やもち米をつめて米こうじにつ
けて発酵させたもの。

▼ いぶりがっこ
秋田県を代表するつけもの。ダイコンをいぶしたあと、米ぬ
かにつけて発酵させる。米こうじを使うこともある。

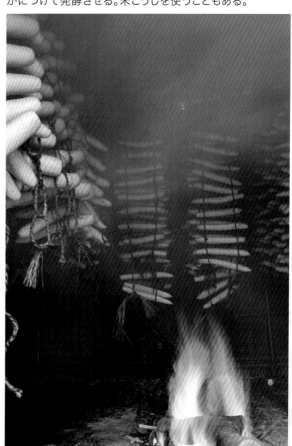

コラム

発酵食品とは?

　発酵とは、目に見えない微生物の力をかり
て、食べものをおいしく変化させることです。
食品を長もちさせたり、体を健康にする成分
を増やしたりする力もあります。たとえば牛
乳を乳酸菌で発酵させたチーズや、大豆を
納豆菌で発酵させた納豆、米をこうじ菌で
発酵させた日本酒なども発酵食品です。

**◀▼ 横手市で見つけ
た発酵食品や加工
品。**身欠きにしんの
つけものや、塩こう
じやみそなどの発酵
食品を使った洋菓子、
米こうじでつくったあま
酒など、種類も豊富だ。

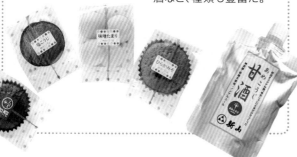

横手市の発酵食品を支える米こうじ

新山食品加工場の3代目、
新山肇さんと妻の容子さん

まちのこうじ屋さん

横手市にはいま（2023年1月現在）、およそ20軒のこうじ屋さんがあります。こうじ屋さんは、近所の人にたのまれてみそをつくったり、つけものなどに使う米こうじを販売したりする店です。横手市の農家では、むかしはどの家でもこうじ屋さんでこうじをつくってもらってみそづくりをしたり、自分の畑でとれた野菜をつけものにしたりしていました。しかし、日本人の食生活が変化した現在では、そうした発酵食品をつくらない家も増えてきました。集落にひとつはあったこうじ屋さんも、少なくなってしまいました。

▶ 販売用の米こうじ
長もちするように、完成した米こうじをもみほぐしてから袋につめて冷蔵保存する。

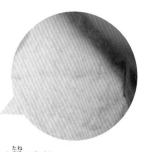

◀ 種こうじ
米こうじづくりに必要なこうじ菌。

▲ お客さんにたのまれてつくった、しこみ用のみそ。みその熟成は、各家庭でおこなわれる。

🖊 米こうじができるまで

1日目	米を洗って水にひたす。
2日目	米を蒸してから、35℃くらいまでさまし、こうじ菌（たね）をつけて、よく朝の4時までねかし、菌を繁殖させる。
3日目	こうじ菌を繁殖させた米を、朝4時と昼11時に2度かきまぜる。
4日目	朝4時ごろ、こうじ室から米こうじをとりだして、完成。

こうじ菌は目に見えない生物

　横手市平鹿町のこうじ屋さん、新山食品加工場では、3月〜7月のお盆くらいまでは、お客さんからたのまれたみそをつくっています。もっとも多かった2000年にくらべて40％ほど減ってはいますが、それでも1200軒ものお客さんから依頼されています。

　米こうじは、一年をとおしてつくられ、販売されています。蒸した米にこうじ菌をつけて、こうじ室とよばれるコンクリートづくりの部屋のなかで繁殖、発酵させてつくります。小さすぎて目には見えませんが、こうじ菌は生きものです。菌が呼吸しやすいように、こうじ室のなかを28℃にたもつなど、環境を整えてあげることがうまくつくるためのコツです。

▲ 米450kgまで蒸すことができる、大きな蒸し器。

▲ こうじ室での作業。菌をつけた米を木の箱に入れる。

かためたり、こおらせたりする食べもの

保存のきくおもてなし料理

　横手市は、とくに寒天をよく食べる地域です。新年を迎えるための年越しのお膳や冠婚葬祭など、大切な行事でよく食べられます。寒天でかためるのは、キュウリやニンジン、ゆでたまごのサラダをかためたサラダ寒天や、ときたまごを入れた、たまご寒天など、さまざまです。日もちするよう、砂糖もたっぷりと使います。

　昭和のはじめごろまで、秋田県の内陸部では、雪にとざされた冬のあいだ、新鮮な食材をかんたんに手に入れられませんでした。寒天は砂糖が貴重だった時代に冬を楽しくすごすために生まれた、むかしの人々の知恵がつまった保存のきくおもてなしの料理だったと考えられています。

▼ 寒天は、数種類の海草を煮こんでかためて乾燥させたもの。棒状、粉末、錠剤などさまざまな形がある。使うときは水でとかす。

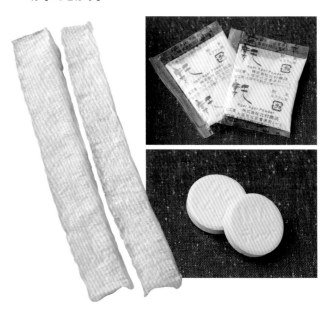

▼ **さまざまな寒天料理** 横手市の食文化にくわしい、菅妙子さんがつくってくれた。

▼ **くるみ寒天**

▼ **サラダ寒天**

▶ **たまご寒天**

ゴクリ…

28

こおらせてかわかす

横手市には、冷たい空気にさらして乾燥させる、干しもちという保存食があります。横手市雄物川町の上西野地区では5軒の農家が保存会をつくり、干しもちを出荷しています。

1月はじめから作業をはじめ、2月のはじめまでにもち米を7t使っています。上西野地区の干しもちは、鳥海山からふきおろす冷たい風がもちの水分をとばし、サクサクと歯ざわりよくしあがります。

農家の冬の仕事としてむかしからさかんにつくられていました。つるすために、もちをひもに結ぶ作業は、農作業のできない冬のあいだの副業になっています。

干しもちのできるまで ①自家製のもち米を、かまでたきあげる。②たきあがったもち米をもちつき機にうつし、もちをつくる。もちに水を加えてやわらかくしたものを、木の型に流しこみ、約5日間かけてかためる。③かたまったもちを切り分け、ひとつひとつひもに結ぶ。④マイナス10℃以下の室のなかでこおらせたあと、風とおしのよい小屋のなかでかげ干しする。最後に乾燥室で水分をのぞく。

① ② ③ ④

④雪国の産業

雪国には、雪を利用して生まれた産業があります。「米づくり」「野菜づくり」「酒づくり」「観光」を題材に調べてみましょう。

あたたかい地域で生まれたイネが雪国でよく育つ理由

おいしい米が育つ条件

イネは、中国の南部から東南アジアのラオス、タイ、ミャンマー周辺に広がる山岳地帯で生まれたといわれています。あたたかい地域の植物のイネが、なぜ雪国でさかんに栽培されているのでしょうか。

東南アジアから北のほうに広がっていったのが、ジャポニカ米という寒さに強い種類でした。それが日本に来てから、長い年月をかけて改良されてきました。

日本で食べられている米は、水稲という水をはった水田で栽培する方法で育てています。そのため、イネにとって水は命といわれています。

米づくりがさかんな日本海側の地域は、豪雪地帯です。冬は、雪で農作業ができないため、年に一度、米だけをつくる水田単作地帯とよばれています。しかし、雪は米づくりにとって恵みにもなります。たくさんつもった雪はとけて地面にしみこみ、土の栄養分をふくんだ湧き水となって川に流れます。イネはその水から、健康に育つために必要な水分や栄養分をもらいます。

新潟県は米の生産量が日本一の県ですが、信濃川の水量も影響しています。雪どけ水を集めて流量が増える春は、多くの水が必要な田植えの時期と重なり、新潟県の米づくりを助けています。

新潟県に限らず、大きな川の流域には米づくりがさかんな地域があります。利根川が流れる関東平野や、筑後川が流れる九州の筑紫平野などです。

日本の米の生産量トップ10
（2023年・都道府県別）

◎農林水産省「令和4年産水陸稲の収穫量」（2023年2月27日公表）から作成。

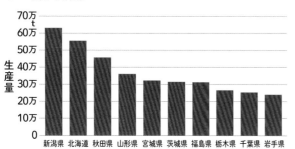

米の生産量が高い県の多くは、北国にある。

▲**十日町市の棚田** 十日町市・星峠には、美しい棚田が広がる。山の斜面を段々に区切って、田んぼをつくっていく。棚田を守っていくことで、山が崩れることを防いだり、大雨のときダムのように水をためて洪水を防ぐなど、いろいろな役割をはたしている。

この美しい景色を守っていきたいね。

信濃川と利根川の月別平均流量（2011年～2020年の平均値）
◎国土交通省発表の「水文水質データベース（2011年～2020年の平均値）」から信濃川河川事務所がデータを集計。

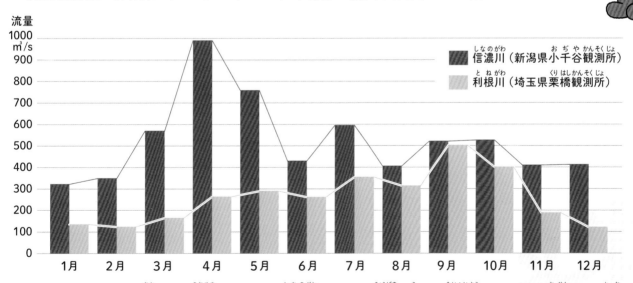

流量
1000 m³/s

信濃川（新潟県小千谷観測所）
利根川（埼玉県栗橋観測所）

3月～5月、雪どけの季節を迎えると、魚沼地区を流れる信濃川の流水量が急激に増える。太平洋側を代表する河川である利根川の流水量が増えるのは、8月～10月の台風シーズン。流水量は川のある地点を流れる水の体積のことで、単位は立方メートル毎秒（m³/s）で表す。

雪国の気候が米づくりにあたえる影響

昼と夜の気温差が重要

　十日町市や津南町がある魚沼地区は、「コシヒカリ」というおいしい米の産地として知られています。コシヒカリは新潟県で生まれ、日本で一番多く栽培されている、あまみと強いねばりが特徴の米の品種です。コシヒカリはイネが育つ夏のあ

いだに、太陽の光をたっぷりあびることで米のあまさが増え、昼と夜の温度差が大きいと米にねばりが増えます。

　魚沼地区は、1000mほどの山々にかこまれた盆地がいくつかあり、夏のあいだは晴れる日が多く、昼と夜の気温の差が大きいので、このコシヒカリがよく育つ条件に適しているのです。海側の新潟市と比べると、その温度差のちがいがわかります。

　新潟市は海の影響をうけるため、日中は気温があがりにくく、夜から朝は気温がさがりにくいのが特徴で、いっぽう十日町市は、海の影響をうけにくい内陸にあるため、日中は気温があがりやすく、夜間から朝は気温がさがりやすいのが特徴です。そのため、十日町市では1日の気温の差が大きくなるのです。

おいしいコシヒカリの産地、魚沼地区

●魚沼地区
①小千谷市
②長岡市川口地区
③魚沼市
④南魚沼市
⑤湯沢町
⑥十日町市
⑦津南町

新潟県

夏の日較差のちがい　十日町（十日町市）・新潟（新潟市）

	十日町（十日町市）			新潟（新潟市）		
	最高気温	最低気温	日較差	最高気温	最低気温	日較差
5月	22.1℃	10.3℃	11.8℃	21.3℃	12.7℃	8.6℃
6月	25.3℃	15.8℃	9.5℃	24.8℃	17.7℃	7.1℃
7月	28.6℃	20.1℃	8.5℃	28.7℃	21.8℃	6.9℃
8月	30.2℃	20.9℃	9.3℃	30.8℃	23.3℃	7.5℃
9月	25.8℃	16.7℃	9.1℃	26.4℃	19.0℃	7.4℃

◎気象庁の日最高気温と日最低気温の月ごとの値（1991年〜2020年の平年値）から作成。日較差とは一日の最高気温と最低気温の差をいう。

▼**棚田の米づくり** ①十日町市では、雪がとけて気温も上がってくる5月の連休明けから田植えがはじまる。②稲刈りは、9月の中ごろ。③稲を太陽と自然風でかわかす、はさがけ。最近では稲の乾燥をほとんど機械でおこなうが、十日町市でははさがけをおこなうところもある。④十日町市の田んぼは、1年のうち約5か月は雪に埋もれ、休んでいる。これもおいしい米を生む要素だという。

米づくりの1年

	4月			5月			6月			7月			8月			9月			10月		
	上旬 / 中旬 / 下旬			上旬 / 中旬 / 下旬			上旬 / 中旬 / 下旬			上旬 / 中旬 / 下旬			上旬 / 中旬 / 下旬			上旬 / 中旬 / 下旬			上旬 / 中旬 / 下旬		
岩見沢市（北海道）➡2巻				5/15 田植え						7/27 出穂						9/13 稲刈り					
十日町市（新潟県）				5/10 田植え									8/4 出穂			9/17 稲刈り					
香取市（千葉県）➡4巻			4/25 田植え							7/24 出穂						9/1 稲刈り					

出穂は、もみが集まった穂がイネから出てくること。米の品種によってちがうが、多くの米は田植えから稲刈りまでの期間は同じだ。寒くて雪どけもおそい十日町市は5月、さらに寒い岩見沢市（北海道）は5月中旬から田植えをはじめる。香取市（千葉県）では、実ったイネが台風で倒される前に収穫するため、4月下旬には田植えをはじめる。

雪の下から
掘りだす野菜とは？

▲ 津南町での収穫のようす　残った雪をとりのぞいたら、「雪下にんじん」の収穫だ。収穫の作業はすべて手作業になる。広い農場から、人の手だけで収穫していくのは重労働だ。

雪国生まれの特別なニンジン

　「雪下にんじん」は、雪がつもっても畑に植えられたまま冬をこしたニンジンのことです。

　十日町市や津南町のような雪国では、通常のニンジンは6月の中ほどに種をまいて9月の中ほどに収穫します。十日町市産・津南町産ニンジンの多くはこれになります。

十日町市

津南町

新潟県

　1985年ころ、十日町市や津南町では秋の収穫時期に大雪が降り、ニンジンが収穫できなくなりました。次の年、雪が少なくなってから掘りだしてみると、おいしくあまかったので、「雪下にんじん」として売り出すことにしたのです。

　雪の下は温度が0℃くらいで一定しているため、ニンジンはこおりません。また、雪のもつ水分が、みずみずしさをたもちます。うまみが増すことで、あまく感じるようになり、独特の青くささも少なくなり、歯切れもよくなります。雪国の十日町市や津南町の気候をいかした方法で栽培されているのです。

雪下にんじんの栽培カレンダー

	4月	5月	6月	7月	8月	9月	10月	11月	12月	1月	2月	3月	4月
雪下にんじん				種まき					雪の下で越冬			収穫	
通常のニンジン			種まき			収穫							

「雪下にんじん」は、雪がとけて、ニンジンの新芽が出てくるまでに収穫を終わらせるため、出荷できる期間は短く、期間限定品。通常のニンジンより1か月以上おそい7月の終わり近くから8月10日ごろに種をまき、次の年の3月20日ごろから収穫する。いまでは、隣の長野県をはじめ、北海道、青森県でも同じ方法で栽培されている。ただ、とれる量が限られているため、ほとんどが県内・道内で食べられている。

▼**雪を掘る** 2月の後半に、畑に雪を少しだけ残しながら除雪する。収穫しやすくするためと、収穫まで雪の下で栽培するからだ。

▲**種まき** 秋に収穫される通常のニンジンは、6月の中ごろに種まきをするが、雪下にんじんは、それよりも1か月以上おそい7月の後半に種をまく。

▼**雪下にんじん** ニンジン独特の青くささが少ないので、好きになる小学生も多いという。

▼**雪室の野菜** 津南町では、雪室とよばれる、雪を利用した天然の冷蔵庫で保存された、野菜や花も出荷している。

雪国で日本酒がつくられる理由

八海山の酒づくり 白い雪をいだいた八海山のふもとで日本酒をつくる八海醸造。八海山は、豪雪のおかげで湧き水が豊富なところだ。

米、人、水、気温がたいせつ

日本酒は米、水、米こうじの原料を発酵させてつくりますが、いまから50年ほど前まで、日本酒は寒い冬にしかつくられていませんでした。発酵には一定の期間、低い気温が必要なためです。また、寒いことで不要な細菌が発生しにくくなるという長所もありました。

雪国の冬は、気温も低いまま安定しています。そして、大量の雪どけ水を生みます。雪どけ水は、地面にしみこみ地下を流れ、井戸水や湧き水となって地上に出てきます。日本酒づくりには大量の水も必要なので、雪国は日本酒づくりに最適の場所でした。そのため、雪国ではむかしから日本酒づくりがさかんでした。

また、農家の人たちは、雪がつもる季節の作業はほとんどなかったため、別の仕事をしていました。酒づくりも、農家が冬のあいだにできる仕事のひとつでした。

十日町市のとなり町、南魚沼市の八海醸造では、大量の雪を使った日本酒づくりをおこなっています。

巨大な雪室をつくり、そこに1000tの雪をつめこみます。雪室の中で生まれた冷たい空気で、日本酒をたくわえたタンクを冷やしています。

雪室で何年かすごした日本酒は、独特の味わいをもつおいしい酒になるといいます。雪国の自然を最大にいかした日本酒づくりです。

南魚沼市

新潟県

▼ 冬のたいせつな仕事

冬におこなわれていた日本酒づくりは、むかしは農家にとっては農作業ができない季節のたいせつな仕事のひとつであった。日本酒をつくる蔵にとっても農家の人手が必要で、たがいに支えあう雪国のくらしそのものだった。

▲ **きれいな蔵** いまは、衛生管理をきちんとした蔵で日本酒はつくられている。機械を使う作業もあるが、たいせつな作業は人がおこなう。

▼ **雪室の中** 雪室の冷たい空気は室内を循環して、隣にある日本酒をたくわえたタンクを冷やす。

雪国ならではの日本酒づくりだね。

豪雪を観光にいかす

スキー以外の観光を生みだす

▶ **リスの足跡** 雪の中で生きものの足跡を見つけるのも楽しい。

長野県北部にある飯山市は、スキー観光で有名なところです。いまは、それにくわえて、豪雪地帯となべくら高原の自然をいかして、冬の森を歩くツアーをおこなっています。

飯山市
長野県

雪国の冬の森は、動物や植物を見にいく観光にむいている場所です。なぜなら、つもった雪のおかげで、高いところを歩くことができ、高い木の先にある芽などをよ

り近くで観察できるからです。

木々の葉が落ちて見とおしがよくなっているので、鳥なども見つけやすくなります。動物たちも、白い雪の上では目立つので、よく見かけるようになります。風がないおだやかな日は、雪に残った動物の足跡が発見できます。どんな動物かを想像したり、ときにはその姿を見つけたりする楽しさもあります。

このように、スキー以外でも雪の多さを利用した観光を生みだしている地域もあります。

コラム

スキーはいつからはじまった？

1911（明治44）年1月12日、日本初の本格的なスキー指導が、新潟県の高田、いまの上越市でおこなわれました。指導者は、オーストリア・ハンガリー帝国の軍人、レルヒ少佐です。軍隊で活用するためにはじめたスキーでしたが、女学校などでも練習するようになり、急速にスポーツとして広まっていきました。

上越市
新潟県

▲ レルヒ少佐（右）からスキー指導を受ける陸軍の堀内文次郎。

▲ **雪に埋もれたかやぶき民家** 外国人の旅行者は、むかしながらの日本の家に興味しんしんなのだという。

▲ **雪の森を歩く** 雪の上を歩くためのスノーシューをはいて、雪の森や山を歩く。雪国にはスキーだけではない雪の楽しみかたがある。

④雪国の産業

インタビュー

世界中から雪を見にくる

一般社団法人信州いいやま観光局
なべくら高原・森の家
大西宏志 さん

　豪雪は、海外から新しい観光客をよぶことにもなりました。世界のなかで、日本のように国土の半分が豪雪地帯で、人が住んでいるというところは、それほど多くはありません。雪を見て、ふれて、体験するために、世界中から人が来ることがわかりました。

　たとえば、北陸新幹線で金沢や京都の観光に行くとちゅうで、雪を見たい、かんじきをはいてみたい、という理由で飯山をインターネットで探しだし、立ち寄った例もありました。

　海外に目を向ければ、とてもたいせつな観光の資源です。

（2022年11月取材）

▲ **ニホンカモシカ**
特別天然記念物に指定されているニホンカモシカも、雪のなかではよく目立つ。

▶ **ベニマシコ**
冬は本州から南側の山地や水辺でよく見ることができる。オスは赤くて目立つ。

▶ **ホンドリス**
リスの仲間も雪の森で活発に動いている。

▶ **オニグルミの芽**
雪の森を歩くときには、木の冬芽を観察するのも楽しい。

横手市のかまくらは
お正月の行事？

横手の雪まつり

「かまくら」は、小正月におこなわれる行事です。小正月とは正月最後の行事がおこなわれる日で、旧暦の1月15日になります。秋田県横手市では、現在のカレンダーにあわせて2月15日〜16日に「横手の雪まつり」のなかでおこなっています。

もとは江戸時代に、武士の家の行事で子どもの成長を願う左義長という祭りと、商人の家でおこなわれていた水神様をまつる行事が長いあいだにいっしょになってきて、「かまくら」という行事になりました。雪でつくった部屋の中に、神座とよばれる神棚のようなものをつくり、水神様をまつり、おそなえを置きます。

「横手の雪まつり」では2月17日に「ぼんでん」という行事もおこなわれます。長いさおの先に、立派な頭飾りをつけて町を練り歩き、旭岡山神社に奉納します。前日には、「ぼんでんコンクール」がおこなわれ、できばえを競います。

▲**横手の雪まつり** 雪まつり期間中は、市内に80ほどの「かまくら」がつくられ、あま酒がふるまわれている。また、たくさんの「ミニかまくら」もつくられ、中でろうそくの火がゆれる。

▼**「ぼんでん」の整列** 行事がはじまる前、横手市役所本庁舎前に整列して「ぼんでん」を見物客に見せる。このあと先頭争いをしながら、旭岡山神社に向かう。

▶**神社に到着** もみあいながら神社に着いた「ぼんでん」の団体。

なんだかにぎやかで楽しそう！

⑤雪国の歴史

雪国では、豪雪にたえながらくらしてきた歴史があります。豪雪は、雪国に何をもたらしてきたのでしょうか。歴史をふり返りながら、調べてみましょう。

豪雪は雪国に何をもたらした?

▶ 十日町雪まつり
冬のきびしさも美しさも知りつくした十日町市民の「雪を友とし、雪を楽しむ」という思いから生まれた。最初の雪まつりは、1950(昭和25)年2月4日〜5日におこなわれた。

雪にたえるから雪の利用へ

十日町市では、豪雪がさまざまな被害をおこしてきました。1938(昭和13)年1月1日には、雪の重みで映画館の屋根が落ち、死者67人、重軽傷者60人の事故がおきています。これまでもっとも多くの雪が降ったのは、1944(昭和19)年〜1945(昭和20)年にかけての冬です。12月24日から降りだした雪は、1月30日まで38日間も降りつづけました。道路の雪は電線よりも高くなり、鉄道が4か月不通になりました。

最近では、2018(平成30)年1月22日〜27日に、ふだんは雪の少ない関東甲信地方や東北太平洋側の平地まで、広い範囲で大雪となりました。また、1週間後の2月3日〜8日にも福井県や石川県で大雪になっています。交通、電気、電話、水道が止まってしまうなどの被害が発生しました。また、2021(令和3)年1月7日〜11日には、北日本から西日本の日本海側を中心に広い範囲で大雪・暴風となりました。

このように大きな被害をおこしてきた雪国の豪雪ですが、最近はこの豪雪をうまく使って、雪やこおらせた氷を保管し、住まいの冷房や大型コンピューターの空調などに利用する冷熱エネルギーが注目されています。

▲ ▶ **2階の高さにつもる雪** 左の写真は、1955（昭和30）ごろ、屋根につもった雪を家の前の道路に落としているところ。右の写真は1966（昭和41）年、2階の高さに道ができている。

✏ 災害（さいがい）をもたらした大雪（昭和20年以降（いこう））

災害（さいがい）をもたらした気象事例	期間	被災状況（ひ さい じょうきょう）
昭和38年1月豪雪（ごうせつ）	1962年12月～1963年2月	北陸（ほくりく）地方を中心に大雪。死者228名、行方不明者3名。気象庁（きしょうちょう）が昭和38年1月豪雪（ごうせつ）と名づける。
昭和52年豪雪（ごうせつ）	1976年12月～1977年2月	全国的に大雪。死者101名。気象庁（きしょうちょう）が昭和52年豪雪（ごうせつ）と名づける。
昭和56年豪雪（ごうせつ）	1980年12月～1981年3月	全国的に低温、大雪。死者133名、行方不明者19名。気象庁（きしょうちょう）が昭和56年豪雪（ごうせつ）と名づける。
昭和59年豪雪（ごうせつ）	1983年12月～1984年3月	太平洋側でも雪による被害（ひがい）が多発。死者131名。気象庁（きしょうちょう）が昭和59年豪雪（ごうせつ）と名づける。
平成18年豪雪（ごうせつ）	2005年12月～2006年3月	日本海側で記録的な大雪。死者152名。気象庁（きしょうちょう）が平成18年豪雪（ごうせつ）と名づける。
大雪・暴風雪（ぼうふうせつ）	2014年2月14日～2月19日	関東甲信（かんとうこうしん）地方、東北地方、北海道で大雪・暴風雪（ぼうふうせつ）。死者24名。
大雪・暴風雪（ぼうふうせつ）	2018年1月22日～27日	関東甲信（かんとうこうしん）地方や東北太平洋側の平野部で大雪。日本海側を中心に暴風雪（ぼうふうせつ）。
大雪	2020年12月14日～12月21日	北日本から西日本の日本海側を中心に大雪。
大雪・暴風雪（ぼうふうせつ）	2021年1月7日～1月11日	北日本から西日本の日本海側を中心に広い範囲（はんい）で大雪・暴風（ぼうふう）。

◎気象庁ウェブサイト「災害をもたらした気象事例」から作成。

✏ 豪雪（ごうせつ）を利用した冷熱エネルギー

◀ **冬につくった雪山を利用したきのこ栽培（さいばい）** 南魚沼市（みなみうおぬま）のしいたけ栽（さい）培会社「きのこはうす上村」では、冬のあいだに雪山をつくり、そこでできた冷水をハウスにめぐらせることで、夏のあいだの冷房（れいぼう）として使っている。

43

雪国でつづく伝統工芸

雪をいかしてつくる和紙

　新潟県長岡市小国町に、雪をいかしてつくる小国和紙があります。江戸時代から300年以上つづく歴史をもつ和紙で、コウゾという植物を使ってつくります。

　ふつう、紙をすいた後は、水分をぬくために機械でしぼります。ところが、小国和紙はしぼらないで重ねたまま雪に埋めます。外の空気にふれずにいるため、くさることもこおることもなく、春が来るまで雪の低温の中に置かれます。

　春に雪の中から出して、板に並べたら雪の上に置き、雪の反射を利用しながら日に干します。するとまっ白な和紙ができあがります。

まるで雪から生まれたみたいだね!

小千谷市
長岡市小国町　新潟県
十日町市
南魚沼市

和紙ができるまで ①和紙の原料になるコウゾの木。②和紙はコウゾの皮だけを使う。③皮を雪の上に並べて日にあてる。④紙をすき、重ねて雪に埋めて、春には雪から出して日にあてる。

44

小千谷縮（おぢやちぢみ）ができるまで ①太さを同じにして糸をつくる「苧績み（おう）」。②絣（かすり）という模様（もよう）を糸につける作業の「絣づくり（かすり）」。③機（はた）という機械を使って布を織る作業。④何人もの人々が作業にかかわり、時間をかけて小千谷縮（おぢやちぢみ）はできあがる。⑤天気のよい日に雪の上に広げてさらすことで、織物（おりもの）はさらに白くなる。

雪が生んだきもの

　十日町市（とおかまち）は織物（おりもの）の生産がさかんな町です。その歴史は、縄文時代（じょうもんじだい）までさかのぼるといわれます。江戸時代（えど）には「越後縮（えちご・ちぢみ）」の産地として知られ、明治時代には絹織物（きぬおりもの）をおもに生産するようになり、いまにつづきます。

　織物（おりもの）がさかんになったのは、豪雪（ごうせつ）のおかげともいえます。雪が降る（ふ）ことで、十日町（とおか）市の冬は湿度（しっど）が高くなります。湿度（しっど）が高いと絹糸（きぬいと）を加工するときに、糸が切れたりきずつくことなく、高い品質（ひんしつ）をたもてるからです。

　十日町（とおかまち）市の北に隣り合う（とな）小千谷（おぢや）市も、織物（おりもの）の名産地です。国の重要無形（じゅうようむけい）文化財（ぶんかざい）に指定された小千谷縮（おぢやちぢみ）が織（お）られています。小千谷縮（おぢやちぢみ）は、織りあげると雪の上に置かれ、干（ほ）されます。「雪ざらし」といい、布を白くするためにおこなわれます。

　雪国で、きもの産業がさかんになったのも、豪雪（ごうせつ）のためといえます。半年近く雪に埋（う）もれる冬には、農業とは別の仕事をする人が多くいました。小千谷（おぢや）市や十日町（とおかまち）市では、糸をつくったり、機（はた）を織（お）ったりする織物（おりもの）の仕事が、冬のあいだ、女性がおこなえる唯一（ゆいいつ）の仕事だったのです。その技術（ぎじゅつ）が伝えられ、全国でも有名なきもの産地として発展（はってん）してきました。

調べてみよう・訪ねてみよう

新潟県に行ったらぜひ、訪ねてみよう。雪国のことがいろいろわかるよ。

十日町市博物館（とおかまちしはくぶつかん）

雪国・十日町市の歴史・文化に関することを知ることができる。国宝の縄文土器「火焔土器」の展示もある。

鈴木牧之記念館（すずきぼくしきねんかん）

鈴木牧之の書いた『北越雪譜』に関する展示や江戸時代の雪国のくらし、越後上布などを展示する。

新津鉄道資料館（にいつてつどうしりょうかん）

鉄道に関するあらゆる分野を展示した資料館。雪国の鉄道に関しても展示している。

新潟県立歴史博物館（にいがたけんりつれきしはくぶつかん）

新潟県の歴史と文化を紹介する。昭和時代の冬の商店街や縄文人のくらしを実物大のジオラマで復元している。

日本スキー発祥記念館（にほんスキーはっしょうきねんかん）

日本ではじめてスキーの指導がおこなわれた1911（明治44）年ごろの貴重な資料や、スキー指導をおこなったレルヒ少佐の遺品などを展示する。

● 監修
長谷川直子
（はせがわなおこ）
お茶の水女子大学文教育学部人文科学科地理学コース准教授。研究のかたわら、地理学のおもしろさを伝えるべく活動中。

山本健太
（やまもとけんた）
國學院大學経済学部経済学科教授。地域の伝統や文化と、経済や産業の関係について研究をしている。

● 編集
籔下純子

● 装丁・デザイン・イラスト・図版
本多翔

● 執筆
牧一彦

● 写真
武藤奈緒美

● たてもののイラスト
サンズイデザイン

● 校正
水上睦男

雪国に遊びにおいで！

● 監修協力
宇根 寛（明治大学講師）／平尾正樹（日本気象株式会社）

● 取材協力
荒川将（上越市立歴史博物館）／伊藤明美（伊藤漬物本舗）／岩野邦康（新潟市新津鉄道資料館）／岩本拓磨（JAかとり）／大峠敦志（JAいわみざわ）／大橋世史子（十日町ふれあいの宿交流館）／小林義明（津南町）／齋藤良一（信濃川河川事務所）／佐藤春樹（かまくらほし餅本舗）／JA十日町／大楽和正（新潟県立歴史博物館）／高橋由美子（十日町市博物館）／高橋信行（横手市観光協会）／瀧澤駿（十日町市）／多田多恵子／浜崎こずえ（八海醸造）／藤田剛（十日町市教育委員会）／柳澤文孝（山形大学蔵王樹氷火山総合研究所）／山本浩（新潟地方気象台）

● 写真協力
JA十日町（表紙・P.33）／横手市観光協会（表紙・P.1・P40・41）／気象庁（P.9下）／十日町市役所（P.10・P.19電話ボックス）／柳澤文孝（P13上左）／山形県（P.13上右）／山形市観光協会（P.13下）／長亀住設（P.15散水式の家）／北越融雪（P.15融雪式の家）／皐工務店（P.17澤口茂）／新潟市新津鉄道資料館（P.22）／北越急行ほくほく線（P.23）／岡倉禎志（P.25本文写真・P.27こうじ室）／十日町市観光協会（P.31）／鶴田孝介（P.34・P.35雪下ニンジン）／津南町役場（P.35）／八海醸造（P.36〜37）／信州いいやま観光局なべくら高原・森の家（P.38上・P.39ニホンカモシカ以外）／上越市立歴史博物館（P.38下）／星野秀樹（P.39ニホンカモシカ）／十日町雪まつり実行委員会（P.42）／十日町市博物館（P.43上2点）／きのこハウス上村（P.43下2点）／小国和紙生産組合（P.44）／小千谷市観光協会（P.45）

● 図版協力
千秋社（P6-7・P10上・P23・P24・P32）／日本気象株式会社（P9上右）／信濃川河川事務所（P31）

● 参考
『雨・雪・氷　なぜできる？』（吉田忠正著・ポプラ社，2022）
『天気と気象大図鑑』（荒木健太郎監修・ニュートンプレス，2021）
『よこてだいすき　横手を学ぶ郷土学』（横手市教育委員会監修・かまくら印刷協会，2018）

現地取材！ 日本の国土と人々のくらし③
雪国のくらし 新潟県十日町市・秋田県横手市
（とおかまち）（よこて）

発行　2023年11月　第1刷

監修　長谷川直子　山本健太
発行者　千葉 均
編集　崎山貴弘
発行所　株式会社ポプラ社
〒102-8519 東京都千代田区麹町 4-2-6
ホームページ　www.poplar.co.jp
kodomottolab.poplar.co.jp（こどもっとラボ）
印刷・製本　図書印刷株式会社

©POPLAR Publishing Co.,Ltd. 2023　Printed in Japan
ISBN978-4-591-17915-4 / N.D.C. 291 / 47P / 29㎝

あそびをもっと、まなびをもっと。

こどもっとラボ

P7243003

現地取材！
日本の国土と人々のくらし
全8巻

小学校高学年以上

N.D.C.291／A4変型判／各47ページ／オールカラー
図書館用特別堅牢製本図書

日本のさまざまな地形

地形とくらし

人工衛星から見た地球は丸いボールのようですが、わたしたち人間の目で見ると、地球の表面はなめらかではなく、海や山や谷など凹凸があります。この地形が、気候やわたしたちのくらしに大きなかかわりをもっています。

日本の国土は、山が多く、火山も多くあります。山地は日本列島を南北に背骨のように連なり、平地は少ないのが特徴です。そのため、地域によって気候が変わり、人びとのくらしぶりにも変化をもたらせたのです。

さまざまな地形

山地 標高が高く、山が集まっている地形。山地には、山脈、高地、高原、丘陵、火山などがある。

山脈 山が連続して、細長く連なっている山地。

高地 標高が高く、高低差がそれほど大きくないところ。

高原 標高の高いところに、平らに広がっている土地。

丘陵 低地の周辺にあり、標高がそれほど高くない場所。

火山 地下のマグマが、噴きだしてできた山。

平地 地面の凹凸が少なく、平らな土地。平地には、平野、盆地、台地、低い土地がある。

平野 河川の下流にある平地で、海面より高さが低い土地もある。

盆地 周囲を山にかこまれている平らな場所。

台地 平地の中で、台のように高く平らになっている土地。

大阪平野
飛騨山脈 ▶6巻
木曽山脈 ▶6巻
中国山地
播磨平野
筑紫山地
筑紫平野
九州山地
桜島 ▶7巻
宮崎平野
笠野原 ▶7巻
四国山地
紀伊山地
濃尾平野 ▶4巻
伊那山地
牧ノ原 ▶7巻
赤石山脈 ▶6巻